Catalogación en la publicación – Biblioteca Nacional de Colombia

Ayarza de Herrera, Emilia, 1920-1966
      Diario de una mosca / Emilia Ayarza ; ilustrado por Federico
Neira. -- Bogotá : Editorial Magisterio, 2015.
      p. : il. – (Colección Oso de Anteojos)

      Incluye datos biográficos de la autora al final del texto.
      ISBN 978-958-20-1158-1

      1. Cuentos colombianos - Siglo XX I. Neira, Federico, il.
II. Título III. Serie

CDD: Co863.5 ed. 23   CO-BoBN– a956778

Emilia Ayarza

ILUSTRADO POR: FEDERICO NEIRA

Colección Oso de Anteojos

DIARIO DE UNA MOSCA

©   Emilia Ayarza

©   Cooperativa Editorial Magisterio
Diagonal 36bis no 20-70
PBX: 0571-3383605
Bogotá, D.C. Colombia
www.magisterio.com.co

ISBN: 978-958-20-1158-1

Diseño e ilustración: Federico Neira

*Respeto a las moscas que vuelan
por encima de mí. Respeto a las que
vuelan a nivel conmigo. Y respeto
mucho más a todas aquellas mosquitas
que andan volando bajo...*

Presentación

¡Vengan cumplidas moscas!
Jorge Gaitán Durán

Emilia Ayarza eligió, de todos los posibles animales para la observancia en un periodismo hecho del registro de pequeñas cosas, no al búho de presencia sapiencial y aires filosóficos, no al águila rampante de vista aguda, no a la edénica serpiente ni a la cabra capaz de trepar a los riscos para mirar al hombre, sino a la despreciada, zumbona, entrometida mosca. Fingió para ello ser ese animalito díptero que el Diccionario de la lengua española cataloga como muy común y molesto. No sabemos qué mosca la picó, pero al trocarse en ese ser de ojos salientes se echó a sobrevolar por muchos lugares de México, antes de que lo hiciera otro apasionado del mundo mosqueril, el guatemalteco Augusto Monterroso. Se entró, como impertinente mosca, de rondón en las casas de las gentes que trabajan o de las que su trabajo es hacer trabajar a otras, en dormitorios de actrices y coristas, en las vitrinas de las librerías, en las pintorescas barcas de Xochimilco, en los soporíferos cines.

El Diario de una mosca es un rastreo de la vida cotidiana de México: aparecen en él los mitos populares, sus comidas, algunos cuadros de costumbres, en una labor husmeante. Como una Pavlova casera, la mosca realiza una danza en todos los aires. Desde el ámbito lleno de porcelanas de Sévres hasta los lugares humildes donde el epicentro del hogar es un comal, ese pequeño altar de las tortillas. El ser una democrática mosca que visita tanto los distritos miserables y sus detritus como las colonias elegantes del D.F., le permite a Emilia Ayarza hacer un recuento pormenorizado, día a día, de sus sentires y de sus reflexiones. Mucho humor, mucha imaginación, gran capacidad analítica, ironía y más ironía, brota a borbotones en las páginas de su diario. La tragicomedia tan propia de los latinoamericanos atrapada en estas páginas, nos recuerda que en nuestro caso, cuando el pensamiento aprende a escribir, lo hace a veces desde el goce y a veces desde el llanto. La mosca es libre. Solitaria. Viajera. Tres condiciones que le permiten entrar donde quiere, guardar las distancias e ir sin más pasaporte que el deseo. ¿No son tres condiciones fundamentales para la creación, la libertad, el distanciamiento, la transgresión de fronteras? De todo esto hay buenas pruebas en el jugueteo que Emilia Ayarza instaló en su diario. Acá está una mirada viva, algo más que un divertimento en su obra: ni mosca muerta, ni mosca en leche, más bien una actitud desacralizadora, desenfadada, otra cara de su atractiva y rebelde personalidad.

Juan Manuel Roca
Bogotá, octubre de 1996

S MILLONARIO. Lo tiene todo. Absolutamente todo. Menos el vuelo. Cuando cae de sus edificios, parece un ángel de cemento.

Quiero decir que el zopilote es un ave interesante. Me seduce su seriedad, su prestancia, su dignidad personal y su desprecio por las cosas humanas. El zopilote es severo, independiente, altivo y no anda mendigando el cariño de los hombres como el perro, como el gato, como el caballo. Conoce el poderío humano y, sin embargo, lo desprecia. Todos los animales hacen demostraciones más o menos expresivas de tristeza, de alegría. El zopilote no se inmuta. No expresa nada. No es espontáneo. Tiene un alto sentido de su dignidad personal y oculta con el más perfecto decoro sus cuitas. Todos los animales que viven en contacto con el hombre son vanidosos, fatuos. La paloma esponja su plumaje para aparecer más bella. El caballo enarca la cabeza. El perro bate la cola con signo pedigüeño. El gato se lava la cara con saliva para aparecer más pulcro. El zopilote no… También es poeta. Si no alentara bajo sus alas un corazón de artista no viviría en los tejados, en las copas de los árboles, filosofando y girando en las alturas bajo la lumbre del sol. Los que hayan visto caminar a los grandes de la tierra, a los lores, a los pares, a las reinas, pueden decirme si alguno de estos pobres diablos tiene el señorío de un zopilote cuando recorre una rama desnuda. Eso es elegancia y es también señorío. Porque una discreta elegancia en el andar es fuero especial del señorío. Tiene también el zopilote un alto sentido de la paz. Nadie lo vio nunca peleándose con sus congéneres. En el festín de los potreros, en el pic-nic al aire libre, reina siempre la más completa armonía. La aristocracia de los zopilotes se aprecia mucho mejor en los jardines zoológicos. Mientras las otras aves de rapiña, águilas, cóndores, buitres, graznan estridencias, él permanece impasible. Inclinada la cabeza meditativa y pelada, escrutando el horizonte y mirando los barrotes de la reja con resignada melancolía. El zopilote debe estar orgulloso de poseer el espacio abierto. De filosofar en los tejados. De darles la espalda a los hombres. De dormir por las noches en cualquier roca, reclinada la cabeza sobre el pecho de alguna enlutada "zopilota" y en las mañanas azules desayunarse a la carta en las afueras de un pueblo. Al fin y al cabo, pienso yo: si los humanos se comen a los cerdos ¿por qué los zopilotes no pueden comerse a los humanos?

Día 12

En el jacal ha nacido una niña. Tiene el rostro colorado como una olla de barro y el pelo tan negro que parece tizne. La madre sonríe mientras la leche de su seno provinciano le va entregando la vida. Hay más trabajo en los surcos. Hay más sudor en la frente. Un día, la niña se les vuelve mujer a los muchachos del pueblo. Los padres vigilan. Las puertas se cierran. La niña se pierde… Ahora los campesinos –con su cosecha de sombras– dicen: Señoras Poquianchis: por lo menos, devuélvannos la muerta. Es nuestra…

JUNIO 3

Dejaré a un lado la tristeza ancestral. La arraigada amargura. Hoy renunciaré a la genuflexión, al miedo atávico. Habrá que imponer el sol en los tugurios y en los cuchitriles. Habrá que poner a secar en las terrazas todos los lienzos de la melancolía. Hoy es hoy. Hoy no reconozco la sucia maraña de las calles ni el cuerpo entero de los olvidados. Hoy es el día del canto. El día en que debemos darnos cuenta de que toda la majestad del mundo es nuestra. Desde la potencia del limón hasta la lengua de las aguas. Desde el viraje amoroso de los peces hasta el milimétrico espacio que ocupa mi terneza. Desde la puntualidad de la angustia hasta la colmena de los estropajos. ¡Hoy es hoy!

JUNIO 6

¿Si la gente trabaja como negra para vivir como blanca, por qué no puedo yo escribir como mosca para vivir como humana?

JUNIO 12

No sé qué hacer. Estoy terriblemente aburrida. No tengo ni hambre, ni sueño, ni risa, ni coraje. ¿Qué es el tedio? Quizás es un largo corredor sin salida. Es mirar un punto fijo. Tamborilear los dedos sobre una mesa. Es toser sin ganas. Es mirarnos en alguna vitrina. Sentarnos en algún cine a que nos sobren las piernas, los codos, la cabeza. Es hacer coronitas con el humo del cigarro. Suspirar hondo. Sonreírle a alguien que no conocemos. Descubrir que las paredes están sucias. Es empujar un objeto con el pie. Pegar la frente a un cristal. Mirar fijamente las llamas de la chimenea. Es no tener frío, ni calor, ni alegría, ni deseo. Es mirar para el cielo y ver pasar los aviones y las nubes. Es comprobar que son las siete, o las once, o las tres. Cansarnos del cansancio. Silbar. Enderezar un cuadro. Tararear una canción que no nos sabemos. Estar aburrido es ser más viejo que uno mismo. Es sentir la vida como un vestido grande. Es olvidar el sabor, la fragancia, el tacto, los colores, el ruido. Estar aburrido es, definitivamente, no saber ni siquiera para qué sirve, de pronto ¡estallar en un llanto desesperado y abundante!

JUNIO 14

Estoy en un parque. Varios niños juegan alegremente. Me acerco. De pronto, uno de los chiquillos me descubre. Ellos siempre descubren algo. Mi intuición fue menos rápida que la acción del chico. Cuando menos pienso estoy entre sus manos, aprisionada entre una cárcel de deditos gordezuelos y empolvados. ¿Qué harán conmigo? Todos se acercan. Me examinan. Mi corazón salta como una cabrita diminuta. Uno de ellos me toma de un ala. Siento como si me la fuera a arrancar. Pretendo defenderme. Imposible. Todos están muy interesados en mí. Al fin, uno propone: "enterrémosle un alfiler". Otro: "echémosle agua". Otro: "cortémosle las alas". Yo comienzo a sudar. La crueldad infantil está en todo su apogeo. El ala me duele terriblemente. El chico me bambolea de un lado a otro. Todos ríen a costillas mías. De pronto resuelven, de común acuerdo, enfrentarme a una abeja. En efecto, me meten a un frasco con una furibunda abeja. Naturalmente, mi congénere arremete contra mí. Me punza. Casi me mata. Despúes me ponen entre una telaraña. Las patas de la araña se me enredan al cuello, peludas y crueles. La risa de los niños y sus aplausos alborozados, le ponen fondo musical a mi agonía. La red de la telaraña me inutiliza. Al fin me salvo de una muerte horripilante y trato de volar. Pero no puedo. Los niños me han puesto a trepar un palo engomado. Mis pobres patas se pegan a la goma lastimosamente. Mis observadores han aumentado. Son muchos. La música de sus carcajadas es ahora una sinfónica completa. ¿Qué haré? ¿Qué haré? La verdad es

que es muy posible que muera hoy. Ahora mismo… pero, ¿qué veo? Una rana salvadora hace su aparición ante el batallón de adorables verdugos. Salgo del trance. Vuelo apachurrada, agotada y maltrecha. Las patas me pesan. Las alas me crujen. Todo me duele. Volteo a mirar. Los niños han puesto sus ojitos en su próxima víctima. Yo me acomodo bajo la hoja de un árbol, mientras reacciono y pienso en que estos pequeños tiranos, amos de la crueldad, son la razón única, universal y tierna de nuestro corazón cotidiano. Creo que, por ahora, seguiré acumulando, al menos por un tiempo, horas de vuelo…

JUNIO 22

Muy de mañana entro a una casa donde todas las ventanas están abiertas. Una criada campesina, rubicunda, de grandes trenzas anudadas con listones, falda ancha de muchos colores y ojillos pequeñines y vivos, limpia tímidamente las mesas. La señora la dirige con paciencia. "Encarna" ha venido del campo, de muy lejos. De allá donde los pisos son de tierra, donde los cerditos son amigos y las gallinas caminan crudas desde muy temprano. Ella nunca había venido a la capital. Por eso Encarna "no se halla". Por eso se pasó la noche llorando, con la cabeza metida entre el sarape que le dio la señora. Había roto sin querer un adorno, un adorno que para ella no significaba nada. Mejores eran las ollitas de barro, esas coloradotas que vendían en el pueblo los domingos. Esta mañana también había llorado porque la señora le dio dos tostones: uno para el pan y el otro para el chocolate. Pero ella no se pudo acordar "cuál era el tostón del pan… y cuál el del chocolate". Por eso no compró nada. Más tarde, cuando se subió a un mueble a limpiar un cuadro la señora le había gritado: "¡Encarna, pon un papel, por Dios!" pero ella no obedeció. ¿Para qué, si así alcanzaba? La señora le había advertido: "si preguntan por mí, di que no estoy. No quiero recibir a nadie". Por eso Encarna, cuando tocaron a la puerta y era la mamá del señor, dijo: "Mi patrona no está… ella se jue con yo…" y después en el teléfono: "La señora manda decir que no está" y cuando llamó el patrón la tarde anterior y le dijo: "Oye, Encarnación, dile a la señora que no puedo ir a dormir esta noche", ella contestó atarantada: "¿De parte de quién?". Eran sólo regaños y regaños. O risas y risas porque todo le salía mal. La última vez fue cuando ella se atrevió a decirle a la señora: "¿Puedo salir un "tantito"? Había venido el Pedro de su pueblo…

¡qué alegría poder hablar con alguien de allá!…
¿A dónde vas, Encarna?, le preguntó la señora. Y
Encarna, roja de la emoción, retorciendo entre los
dedos los flecos de su rebozo y pensando en "el
Pedro", su novio el soldado, contestó: "es que…
tengo un proyectil… señora…". Y como soltaron
todos la carcajada, mientras veían la televisión
"ese radio con monos" que ellos tenían, Encarna
prefirió irse con el Pedro… porque la verdad…
¡no se hallaba!

Querido Papa: Yo soy un mínimo insecto.
Un punto negro que tiene en este instante el corazón acongojado. Palabra. No es cosa de tomarse
en cuenta. Pero tengo pena. Honda pena. Su Santidad no ha debido dejarnos. Lo necesitábamos
tanto… Su sonrisa labradora. Su bondad ancha
y esa manera de pensar sin limitaciones, era algo
que sentíamos como un abrazo fraternal alrededor de nosotros. Todo lo bueno se va… así es la
vida. Nunca olvidaremos su mano tendida a los
buenos, a los mestizos, a los paganos, a los niños,
a los perros. Su mano era universal. Era cotidiana
y sencilla. ¡En fin! ¿No podría Su Santidad decirle
a Él, que nos envíe por caridad un granito de paz?

No importa que sea pequeño. Estamos seguros de que si Su Merced le lleva personalmente el mensaje, Él no podrá negarse. ¿Cómo decir que no a tan dulce mensajero? Hasta luego, Su Santidad. Perdóneme por ser tan pequeña. Bien sé que si nada pudieron todas las lágrimas del mundo para detener el tremendo misterio de los designios eternos, ¿qué podría esperar yo?

JULIO 3

Es tan insignificante el peso de mi cuerpo, que ni siquiera dejo huellas cuando vuelo...

JULIO 6

A veces pienso cómo será la luna de los pobres.

JULIO 7

De pronto hallé una colmena, así como hallamos cualquier día el júbilo o la muerte...

JULIO 10

Vendrás a mi casa, amigo inmemorial. Sólo que cuando te vayas, se pondrán negros los espejos. Dejarán de existir las mariposas...

JULIO 22

¿Qué habrá más rápido que mis alas?, pensé. ¡Un pesero!, por supuesto... En el acto lo abordo. El calor me hace sentir como fríjol entre una olla. Los pasajeros enrojecidos, sudorosos, se apretujan como angulas. El chofer, sonriente gordo, con el "dedito afuera" se posesiona de las calles. Dentro del pesero los aromas son variados: jazmín doliente, rosas desmayadas, claveles pálidos (que equivalen a: chaqueta sofocada, zapato congestionado y brassier sufrido). El taxi (léase tobogán mortífero) se bambolea de un lado a otro. Todos tragan saliva. De pronto, una señora casi se sale del auto. Un pasajero la agarra del vestido y logra detenerla. Los pasajeros consiguen infarto. El chofer, silbando alegremente, se descuelga, se bambolea, se adelanta, se atrasa, se sube a la banqueta, se mete por los monumentos, se traga los semáforos. Estira el taxi, lo encoge, lo dobla, lo desdobla, lo culebrea, lo frena, lo agita, lo adelgaza, lo engorda, lo desmenuza. Mientras tanto va mirando para todas partes, menos para adelante. Los pesos de plata tintinean. Las puertas se abren y se cierran. Por un lado entra una dama. Por otro se baja un joven. Todos entran y salen rápidamente. El taxi (léase bala perdida) continúa su derrotero. Lleno de gente petrificada y en medio de las sonrisas de un hombre que, entre chiste y chanza, –con el dedito afuera– le va haciendo señas a la muerte para que le guarde turno… Yo, por mi parte, me apeo veloz. Por lo pronto, no tengo el menor deseo de ser una "mosca muerta"…

AGOSTO 2

Todos los días acompaño mi muerte. Es una forma de penetrar lentamente en la quietud del vuelo.

AGOSTO 5

Estoy en un hotel de lujo en Acapulco. El mar es un gigante con la frente verde. Hace calor. Entro a una habitación donde hay aire acondicionado. Todo es blanco y resplandeciente. Huele a insecticida. (¡A mí qué me dura, si estoy inmunizada!). Son las siete de la noche. De pronto se abre la puerta. Introducen a una pareja almibarada. Parece que peco de indiscreta, porque los jóvenes enamorados pasarán en esta habitación su luna de miel. Pero como hoy amanecí cruel, diabólica y mefistofélica, pienso ubicarme en palco de primera y observar. Me sobo las patitas con fruición. Comienzan: Besito. Abracito. Empujoncito. Ella se queja, sus hombros están desollados. Un refresco. Un cigarro. Las maletas abiertas, muy ordenadas por las respectivas suegras (!) muestran ropa sin estrenar. Encienden la radio. Una voz de Tarzán ahorcado grita: "Pooopotitos es unnn priiimooorrr…". El novio tuerce la clavija.

Música de cámara. (Yo diría de "recámara…") .
Entonces actúo yo. Me poso en la nariz de ella. Él
me espanta acomedido. Vuelvo a posarme sobre
su oreja. Nuevamente me retira. Luego se recues-
tan. Platican. Juramentos. Palabritas amorosas.
Yo, insistente me paro en la mejilla del novio. Ella,
con dulzura angelical, me quita. Entonces zigza-
gueo por enfrente de ellos. Sus ojos, sin querer me
siguen. Yo danzo muy jacarandosa, al compás de
los tambores del corazón del novio. Otra vez me
paro en la nariz de ella. Él trata de cazarme, ya
un poco molesto. Yo me río divertidísima. Ahora le hago cosquillas en el cuello. Me poso en el
ojo izquierdo de ella. Me quedo quietecita en el
dedo gordo del pie de él. La novia, riendo, me
tira con la almohada; yo, ágil, me libero. Vuelvo
a producir picazón en el dedo gordo del novio.
Este comienza a enfurecerse, pero muy sonriente.
Ella trata de tomarlo con buen humor… de alar-
gar el incidente… Al fin, el novio no resiste más
y resuelve cazarme. Destriparme. Está furioso.
Coge un zapato y pretende dejarme como una
estampilla en la pared. Naturalmente, yo le gano
y me adhiero al techo. Silencio. Nuevamente be-
sitos. Abracitos. Diálogos infantiles: Casi me han
olvidado, ¡qué barbaridad! Bajo veloz y hago una
evolución sobre sus cabezas. Ahora ambos me ti-

ran con las almohadas. Con las pantuflas. Con las toallas. Yo me río a carcajadas. El novio me echa agua del botellón. La novia remoja. ¡Tragedia! Llora. "Me mojaste...", dice compungida. "Me mojaste adrede... ¡ay!... déjame tranquila...". El pobre novio no sabe qué hacer. La novia, con la almohada bien abrazada, le voltea la espalda. Él me mira con odio. Trata de acercarse a su joven esposa. "¿Me perdonas?". Ella lo mira con ojos románticos y esboza delicadamente: "Chi...". A todas éstas, ha llegado la medianoche. Ellos, rendidos, muy abrazaditos, tratan de conciliar el sueño. Yo, en un plan insoportable, tomo aire y comienzo a volar por toda la habitación, emitiendo a todo pulmón un "sssssss" en do mayor, en si bemol y en la sostenido. Los lunamieleros no pueden dormir con el zumbido. Se tapan. Se destapan. Se voltean. Se cubren los oídos. Las tres de la mañana. Mi crueldad es olímpica. Dañar una luna de miel así como así. ¿No es demoníaco? Desde un ángulo de la pared contemplo la habitación. Pantuflas por allí. Toallas por allá. Almohadas tiradas. Agua por todo el suelo. Las paredes con señales de zapatos. En fin... todo un campo de guerra. Yo observo la feliz parejita y me río por dentro. ¿Ustedes nunca se han reído por dentro? Yo sí...

AGOSTO 15

Es dura la jornada. Y a veces sin compensación. La tristeza de las cosas es la sonrisa de las almas. Hay que vivir. Hay que reír. Hay que ser necio, bondadoso, intrascendente, albañil, capitán y rey. Menos mal que mis lectores no se inundan –como yo– en una lágrima pequeña…

SEPTIEMBRE 16

Carne vital de mi tierra. Me naces del sueño y de la sangre. Transitas del maguey a la naranja y hueles a sexo extraterrestre. Patria mía. Amada tierra mía. Eres la capital del planeta, eres la única tierra que limita con las manos de Dios. Te saludo.

ENERO 3

¡Me han calumniado! Nada es igual a soportar sobre las alas el peso de una mentira. Estoy deprimida. Con el corazón colgando de un misterioso silencio. Soy supersensible. Nubarrones. Polvo espeso. Una soledad que me sabe a celda o a campana sin badajo. La gente habla, habla a veces por llenar el espacio de palabras. Suelta sus amarras amargas y colabora en el veneno del viento. Qué angustia. Qué dolor. Pensar que hay rodando por las calles, por las ventanas, por los oídos, una calumnia como una mancha de aceite. Sin embargo, recapacito y digo. Aquí estoy. Escribiendo mis memorias con toda la felicidad del mundo en los mástiles de mi alegría. Nada es mayor que yo. Ni el brillante surtidor del sueño. Ni la palabra elemental. Ni la que me clasifica entre el beso y la verdad. Continúo en la mitad del tiempo, con mi pequeñez altiva y en consorcio perfecto con todo lo diáfano y tranquilo.

ENERO 25

En este nuevo año, pienso hacer muchas cosas. Entre ellas, me dedicaré a la publicación de un *diccionario de la mosca* para goce de mis congéneres. Va una muestra:

Tristeza –Especie de catarro en el corazón.

Dieta –Pastelillos que se comen detrás de las puertas…

Junta –Bar con "variados" platillos…

28

Cumplir –Palabra arcaica.

Amor –Epidemia que está desapareciendo.

Joven –Bípedo extraño con calambres, contorsiones y gritos selváticos. (Nota. Existe en las mejores familias).

Cabaret –Sitio donde "a la una tienen que irse para donde la otra"…

Matrimonio –Lugar en que la gente se aclimata, o se aclimuere.

Culebra –Suegra delgada.

Uña –Sustancia química que "sacan" las criadas al mes de entrar a trabajar.

Mero-mero –Hombre calvo, gordo, con varias cuentas bancarias.

Soltero –Ave del paraíso.

FEBRERO 5. NOCHE

Con un regiomontano, cuyos zapatos amarillos me recuerdan el pecho de ciertos pájaros canoros, entró a "El Tío". Hay varias gentes cenando. El ambiente es cordial. Cerca de nosotros una pareja discute. "Quisiera saber qué son los celos", dice ella. "Los celos –responde él– son una especie de sustancia amarga. Una protuberancia del llanto. Un hierro candente en la médula espinal. Un millón de fibras periféricas.

Un color entre rubí, morado y negro. Algo envolvente, largo, con textura de soga o de culebra. Una droga entre la soledad y el veneno. Una noche de doscientas horas. Una delgada astilla entre las uñas".

"Ahora, –dice ella– ya sé qué son los celos".

FEBRERO 28. TARDE

Palpo tiernamente la piel del aire del mes de marzo. Febrero ya me ha dado su huidiza, cálida e inolvidable transparencia…

MARZO 3

Esto del amor a la vida no me comenzó en el alba. Fue desde la cuna de los años, cuando daba la alegría la talla del tiempo. Amo todo lo que me rodea. Todo lo que puedo alcanzar y lo que se me va de entre las alas. Lo que lleva mi torrente más allá de la sangre. Las aguas fuertes de mi ocaso y ese diario resucitar de la clemencia. Creo que el espacio me reserva una llama. Un ave solitaria, o tal vez dos manos cariñosas que hagan una cruz de sombra en la piel de una tarde cualquiera...

MARZO 5

Tengo hambre. Me poso en un lugar donde hay cacahuates, quesadillas y chalupas. Debajo de los cacahuates descubro un retrato de Bárbara Hutton. Un periódico viejo le aplica su ley inexorable. El polvo de la calle le pone un extraño maquillaje a su cutis. Dos pepitas le cuelgan dos lágrimas doradas. Los piececitos de un bebé sucio le meten el dedo gordo entre los labios. Bárbara: pobre niña rica, nunca creí conocerte entre periódicos viejos y perros ambulantes.

Espero que esta noche tus mejillas avaluadas y tu costoso pelo, calienten con ternura el corazón de un niño callejero.

arbara Hutton
El collar de jade robado el pasad
parte de la colección donada
La secretaría de ... ... ha
resentado el 20 de septiem
momento, no

¿Puedo comerme el cacahuate que tienes en la oreja izquierda, el que está junto al brillante de tu arete? Gracias, amiga.

MARZO 21. NOCHE

No sé a qué hora se me ocurrió entrar a ver una pelea de box. Hay un grupo de hombres ateridos, mirando a otros dos hombres más ateridos que ellos. El ambiente es un poco el que debió existir en los circos romanos en épocas de los feroces gladiadores. Fauces abiertas. Un salvajismo a flor de piel que crispa. Un deseo de crueldad. De increíble morbo. De rencor inmaginario. Mucha gente que aplaude a rabiar, cuando brota la sangre a borbollones. Cuando casi le salta un ojo a uno de los contrincantes. A la mitad de la pelea no reconozco a ninguno de los hombres. Tienen el rostro más hinchado que los guantes que usan. Están demacrados. Pálidos. Jadeantes. Por la boca les escurre un hilo espeso de saliva. Gritos guturales. Angustia. Desesperación. ¿Qué es el boxeo? Un deporte donde dos hombres en paños menores, bailando pasitos de ballet, tienen que matarse cuando ni siquiera se conocen. Cuando no saben quiénes son, ni qué hacen. ¡Cuando ni siquiera se odian! El pan a veces… es duro de ganar…

MARZO 23

Sé por un amigo, que mi humilde diario llegó a manos de don Jaime Torres Bodet, poeta y señor de los estatutos del rocío. Si llega usted algún día a leerlo, quiero anticiparle que mi diario es una manera sencilla de reír frente a una chimenea o al fondo de una larga casa. Mi diario puede, quizás alguna vez, llenar una pequeña soledad. Mi diario es apenas un temeroso deambular por el sector de las palpitaciones. Pero usted –como todos los hombres importantes– debe, para que no lo interrumpan con bobadas, cerrar su "door" por si las "flies"…

ABRIL 2

¿De dónde vengo? No lo sé. Tal vez desde un espacio antiguo, donde se despliega la muerte por el aire. Tal vez desde la niebla. Quizás desde el sitio común de la alegría. Lo cierto es que me presento intacta, guardando entre mis alas la soledad que crece alrededor de mí…

La tarde sigue el curso del sol como una flor vieja. Veo un perro. Trae un collar de cascabeles de oro y camina orgulloso. La dueña lo conduce, como poniéndole cuatro patas a su ocio. Me paro en la oreja del perro. Entramos a un "Salón de Belleza Canino". Dos empleados –de blanco y muy solícitos– toman ceremoniosamente al perro de las patas y lo trepan sobre la mesa. La dueña sale. El perro –mejor dicho, el cliente– se queda. Comienza la tarea. Lo rasuran. Lo espulgan. Le dan masaje. Le lavan los dientes. Las orejas. Le cortan las uñas. Le ponen colirio en los ojos. Luego lo bañan. Perfumes y jabones de lavanda. Lo brillan. Lo cepillan. Lo pesan. Le dan un delicado bocadito. Y lo sientan en cojines blandos a esperar a la dueña. Salimos. Afuera, la lluvia amenaza. El ama abre sus paraguas sobre el animalillo. Al llegar al coche otro perro, callejero y vagabundo, bosteza. Se rasca. Husmea entre el mundo cordial de un bote de basura. Al vislumbrar a su maquillado compañero, trata de saludarlo, acercando su cuerpo de radiografía y batiendo su cola proletaria. La dueña tira enfurecida del collar de cascabeles. Las campanitas de oro anuncian que esto de las clases sociales es cuestión de suerte entre los hombres y los perros…

Quisiera doctorarme en ternura. Adquirir un título en crepúsculos. Graduarme en horizontes. Como tengo el privilegio del aire y la concesión del viento, haría cosas que nadie puede imaginarse. Pero… ¿qué diría doña Adela Formoso de Obregón Santacilia, el día en que se me ocurriera inscribirme en la Universidad Femenina? ¡No! Nunca podré ser una mosca diplomada. Me quedaré por siempre en la corteza del tiempo, certificando los milagros del sueño…

Día primero

Por última vez supo mi tacto sobre el viento del mes pasado… Huyen los días… en este nuevo mes me llegarán palabras como frutas. Tal vez sabré de algún olvido futuro y tendré entonces que aprenderme de memoria la tristeza. O al contrario, es posible que el júbilo me envuelva y me haga escuchar sus canciones inventadas en el sueño. De todas maneras, fabricaré un día que aún no conocen ni las estaciones, ni el espacio, ni la memoria de los calendarios. Eso haré.

Día 2

Creo en la emancipación del tedio. En la flauta de los grillos. En los muertos que nutren los arbustos. Creo en cualquier palabra a las seis de la tarde. En las lámparas alrededor de la nada. En una amiga que se viste de verde y vuela mucho menos que yo. Creo en el amor y en la cóncava frecuencia con que pasa sus manos por mis ojos. Creo en todo. Creo en que Walt Disney va a inventar una tira cómica con ésta su segura servidora, "the Mexican-fly...".

Día 5

Muy de mañana me prendo al cristal de un coche particular. Dos amigos se dirigen a las oficinas de la Dirección de Tránsito con el objeto de hacer un traspaso. La mañana está calurosa y sofocante. Las oficinas están retiradas y el tiempo vuela. Al fin, llegamos. Uno de mis amigos pregunta en la ventanilla de "Información" cuáles son los trámites a seguir. El "informante" no lo sabe... Un voluntario nos indica. La oficina que nos han indicado es pequeña y polvosa. Los empleados están tomando café. Esperamos con paciencia. Parece que la plática es interesante, porque no terminan nunca el café. Por fin nos acercamos. Mostramos humildemente los papeles. "No es aquí", dice una empleada de unos doscientos años más o menos. "Es en la ventanilla número 5". Dicha oficina está desierta. Veinte minutos después entra un empleado que se pone a guardar en el archivo un atado de papeles, sin mirarnos siquiera. Mis amigos carraspean. Por fin dicen: "Perdón, ¿es aquí donde podemos hacer estos trámites?". El empleado mira por encima de las gafas, que usa sobre la nariz y dice: "Un momento". Esperamos. Al fin, toma los papeles, los examina y comenta: "esto no es de esta oficina". Responde mi amigo: "¿A dónde debemos ir, por favor?". "No sé, en información le dicen". Volvemos a "Información". El empleado está ha-

blando muy sonriente por teléfono. Diez minutos después nos manda a la ventanilla número 14. "¿Tiene la bondad, la gentileza, de informarnos cómo podemos hacer un traspaso?". El empleado, que está haciendo un crucigrama, responde: "Pues para hacer un traspaso hay que comprar primero el carro". Alegremente contestan mis amigos: "¡Pues ya lo tenemos!". Nuevamente el empleado dice por entre los dientes: "Vayan a la oficina 17, ahí pregunten qué deben hacer". El tiempo vuela. Mis amigos han perdido cerca de dos horas y no han hecho nada. En la oficina 17 les entregan un papel membreteado, todo borrado, casi ilegible. Con ayuda de una lupa, los pobres logran descifrar lo que dice. Lo llenan. Los requisitos son difíciles de conseguir, pero lo hacen. Devuelven el papel, pero el empleado dice que deben hacerlo por triplicado. Nuevamente lo llenan, esta vez con papel carbón. Al ir a entregar el papel, se ha formado una larga cola. Se suman a la cola. Al llegar a la ventanilla, las horas hábiles han terminado. Un aviso reza: "Favor de volver mañana". Al día siguiente, a primera hora, mis amigos están pegados a la ventanilla. Entregan su formulario. De ahí los mandan nuevamente a la oficina. El señor "de los crucigramas" dice que ahí no es donde tienen que presentarse. Que es en la oficina 22, pero que el señor está en junta. Que esperen. El señor no vuelve nunca de la junta. Hay que regresar al tercer día. Entregan los papeles y esperan. "Ventanilla 2", dice el empleado entregando los documentos. El empleado de esta ventanilla toma los papeles en la mano y con cara maliciosa hace seña de que esperen. Se acerca el jefe y entre los dos lanzan miradas de desconfianza sobre mis pobres amigos. Al fin les entregan todo y les dicen el precio de los trámites. Entre los dos no alcanzan a juntar el valor de las estampillas, los timbres, los impuestos. Uno de ellos hace un cheque. El cheque no es aceptado. Entonces vuelan al banco. Cuando regresan, ya está cerrada la oficina… Al otro día, revisan el coche. Luces, frenos, dirección, color, procedencia, llantas, etc., etc. Todo esto lo comprueban diferentes empleados. Luego, nuevamente a la ventanilla 22. "No hay placas todavía", dice el señor que atiende. "Vuelvan mañana". ¡Dios mío! ¿Y entre tanto? "Tomen estas provisionales". Furiosos, sudando, cansados y descontrolados, mis amigos salen de la Dirección de Tránsito. En la puerta se acerca un hombrecillo delgaducho, muy simpático y conversador, que les dice: "Yo les hago el traspaso en media hora". Poco falta para que mis amigos se desmayaran. Renegaron cuadras y cuadras. Pero no se me pongan serios, mis respetados general Martínez Peralta y mi comandante Priego: el papeleo de la burocracia... ¡en todas partes es igual!...

Día 3

Amanecí con una leve intuición de algo que no puedo descifrar. Siento cerca de mí un abismo, una mariposa negra, un ancho cielo color de plomo, las sienes me palpitan y dos lágrimas se suspenden trabajosamente sobre las facetas de mis ojos. Entonces voy hacia mí. Me busco y me investigo. Nada responde en mi interior. Mi corazón, mis patas y mis dos alas, han comenzado a cesar sus servicios. A no prestarme sus goces. Me siento desahuciada del vuelo. Hay veces en que amanecemos así. Mañana será otro día.

Día 4

La risa de una marimba callejera. Dos niños metiendo los pies entre un pozo. Un perro tirado al sol. Una esquina con cuatro vientos. La vitrina de una librería, el aparador de una dulcería y la voz de una mosca amiga, me han dado la certeza

de que en el milímetro modesto de mi insignificante cuerpecillo cabe toda la alegría del mundo.

Día 7

Prendida a un ramo de violetas, entro a una casa donde varias gentes reunidas conmemoran el aniversario de la muerte de Don Pascual. La viuda, sencilla dueña de una mercería, está sentada en medio de los amigos, vestida de negro y envuelta en un chal de nylon. La gente fuma, toma café y escucha las conmovidas palabras de Doña Lupita: "Hoy hace un año… quién lo creyera… me parece estarlo viendo… tan coloradito… tan gordito como estaba últimamente… si parecía una rosa… (se limpia una lágrima) tanto como le gustaban las quesadillas… ¡hasta 15 se comía el muy tragoncito! Recuerdo que todos los días al regresar de su trabajo, ahí va con Doña Pila, "que déme un taco… que déme una gordita… que me echo otro de pancita…", ¡válgame el Cielo…!, qué apetito se traía el ingrato… (se limpia otra lágrima y se suena fuerte) porque la verdad es que era tan golosito, como tan picarón mi Pascual… Una amiga interrumpe: "¿Y a qué hora murió Don Pascual, señora Lupita?". "Como a las once, Rosita…", responde entre gritos ahogados la viuda;

y comenta Rosita bajando los ojos: "qué buena hora… seño Lupita, qué buena hora…". Todos callan. Nuevamente la atribulada viuda, entre sollozos y sollozos comienza: "Pues como les iba contando, la noche trágica, lo vi como tan pálido, como tan amarillo, como tan ojeroso, como tan demacrado, que le dije de plano: "Viejo, ¿te sientes mal?". Era la intuición… la meritita intuición… sin embargo, él para no angustiarme, me dijo: "estás viendo visiones vieja… estoy rete-bien". ¡A las dos horas estaba bien estirado…! pero él, tan mono, hasta el último momento me quiso ahorrar penas… (sollozó fuerte). ¡Ay!, mi Cualito, ¿por qué me dejaste tan sola?… imagínense ustedes en ese hielo del panteón –allá donde todos iremos a parar si Dios nos da vida, salud y licencia– (!) al pobrecito se le habrán puesto frías hasta las tibias…". En ese instante, un viejo amigo llega de visita y al ver tanta gente reunida, exclama alegremente: "¡Ajá!, Doña Lupita, conque de mucho aniversario y no invita". Silencio. Todos se miran entre sí. Doña Lupita, que tiene la nariz roja y los ojos como un conejo blanco, manda sentar al visitante y sigue: "¿Cómo estaría mi viejo de flaco y de enfermo, que esa tarde cuando pasó por una funeraria, se quedó contemplando los ataúdes… (ya el presentimiento, no cabe duda). Los visitantes no saben si reír o llorar. Yo dejo la visita de pésame y me voy a toda prisa... imaginándome la cara de Don Pascual, como una momia inglesa y, para colmo, embalsamada...

Día 11

La curiosidad me lleva al interior de un baño turco. Varios caballeros se desvisten rápidamente. El vapor casi no me deja abrir los ojos. Sin embargo, noto que los "bañistas" caminan con cuidado para no resbalarse; llevan una diminuta toalla en la cintura y comienzan a sudar terriblemente. Me río con disimulo al conocer tan de cerca las barriguitas de los banqueros, los lunares de los políticos, las verrugas de los senadores, las "llantas" de los periodistas, los "popotitos" de los licenciados... De pronto, un "peludo" arquitecto se equivoca y se sienta sobre las rodillas de un ingeniero que no se distingue, pues es casi azul de tan blanco. Otro le pisa un callo a un dentista y éste se pone iracundo. Mas allá un comerciante se ha desmayado. Al otro lado, un profesor se ha dado un golpe, perdiendo el equilibrio, al pretender rascarse el pie derecho, operación que le impiden las numerosas lonjitas de carne que le cuelgan. Entre tanto un industrial, para observar, se pone los anteojos, que, naturalmente, se le empañan y le impiden totalmente la vista. Se oyen resoplidos. Toses. Carraspeos. Exclamaciones. Risas. El baño turco es una especie de infierno anticipado, donde los humanos dejan su grasa, su cruda, su dinero y sus complejos. Yo, para no aburrirme del espectáculo, he patinado deliciosamente sobre la "lubricada" calva de un publicista, alrededor de la gordezuela rodilla de un locutor y en el remolino de un ombliguito sonriente, que, más tarde descubro, pertenece al muy posible próximo "¡tapado…!". Al retirarme, sin querer, una especie de trineo me lleva hasta la puerta… observo mi "vehículo" y me doy cuenta de que un viejo amigo busca afanosamente ¡su dentadura postiza…! Ahogo una carcajada y desaparezco….

Día 2

Pienso en alguien que se fue quitando los días poco a poco. En alguien que prolongó hasta el final su desfile hacia la nada. Pienso en el aniversario del mutismo. En la fecha del más allá. En la conmemoración de lo inmóvil. Pienso en mis amados muertos y echo a volar sobre el mundo un gran silencio de campanas olvidadas. Día de muertos: te regalo mi infancia; te presto mi juventud; te entrego mi madurez; mientras continúo cantando, volando y soñando, la medida exacta de mi muerte.

Día 4

Ayer, sin querer, escuché decir una mentira. Más tarde me quedé meditando. Hay mentiras necesarias. Piadosas. Inocentes. Estúpidas. Absurdas. Ridículas. Hay mentiras con adornos. Desnudas. Estáticas. Danzantes. Voluptuosas. Hay mentiras de verdad y mentiras de mentiras. Hay mentiras verdes. Azules y coloradas. Gordas y flacas. Hay mentiras rellenas y vacías. Las hay que producen rubor. Miedo. Valor. Hay mentiras que no necesitan decirse. Hay otras que se imponen. Hay mentiras risueñas y otras llenas de llanto. Las hay frescas. Atrevidas. Una mentira tranquila es lo que más se parece a la verdad. Así como el cinismo es el hermano gemelo de la inocencia. Hay mentiras que convencen más al que las dice que al que las escucha. ¿Qué es mentir? Mentir es tener más talento que para decir la verdad... ¡ole por esta mentirota!

Hago valer mis privilegios de insecto y me cuelo a la "suite" de Liz Taylor. A mí no hay quien me diga: "La señora Taylor no recibe a nadie". Yo no necesito anunciarme, ni hacer antesala, ni hablar inglés. Me cuelo, y ya… Encuentro a la Taylor a horcajadas en un potro de tormento para bajar kilos. Tiene puesta una extraña mascarilla en el cutis y una banda negra que oculta los dos milagros violetas de sus ojos. Suda y se fatiga. Está ridícula haciendo sus ejercicios, embadurnada, furiosa, preparándose para complacer al "monstruo de las mil cabezas". En el pelo lleva grandes tubos que la hacen aparecer como una marciana. En ese momento penetra Burton a la habitación. Mira esa especie de nieta de Frankenstein, se refriega los ojos y, luego de espantarse, da media vuelta y desaparece. El "ídolo", la "diosa", la "efigie", el "amuleto", la "mascota", la "deidad", el "ícono", es un ser humano como cualquier otro. Un ser humano que engorda. Que se arruga. Que se despeina. Que sufre del estómago. Entre tanto ha llegado la masajista, la maquillista, la peinadora, la secretaria, la pedicura, la manicurista, el yerbero, la modista, la experta en fajas y la astróloga. La peinadora la cepilla. La masajista procura pellizcar las morcillas de la artista, que parecen vitrina de salchichonería. La maquillista la transforma. Pestañas postizas. Cejas alargadas. Sombras. Rayas. Polvos. Bases. Coloretes. Lunares. La secretaria le informa sobre su amante en turno… El yerbero le ofrece una infusión que la conservará joven. La astróloga recita el horóscopo y las predicciones. Suena el teléfono. La modista resopla. La pedicura le corta un callo. Tres horas de tormento… O tal vez cuatro. La artista está extenuada. Se prepara para salir. Mascada. Anteojos negros. Abrigo enorme. Tacones bajos. Teme que el "monstruo" la descuartice… Sin embargo, ella no ha pensado que ese mismo "monstruo" que la ha elevado a la categoría de "ídolo" es el mismo que no le perdona su indecorosa conducta. Señora Chabela Sastre (aquí hablamos español), aparte de ser usted la mujer más cotizada del mundo, ostenta otros titulitos tales como "el terror de los hogares", "el pánico de sus amigas", "el temblor de los millonarios", "la ruina de los débiles", "la úlcera de los productores de cine". ¿Para qué tanta belleza en tan poca alma? ¿El dinero da fama, hermosura y derecho a escandalizar? Nuestras hijas no pueden continuar leyendo apasionadamente su vida para tomarla, quizás más tarde, como modelo. Todo se puede hacer, pero con discreción. Cuando alguien se debe al público, debe respetarlo o prescindir de él. Escuche usted, doña Chabela: la próxima vez que "intervenga" en un hogar, tenga cuidado, "acá de este lado" no comulgamos con ciertas cosillas... aunque usted crea que se ríe de nosotras por el hecho de que cada vez nos trae un marido "nuevecito"... somos medio socarrones, indios de corazón y de alma y nos gusta navegar con banderas de... en fin, ¿por qué no busca usted "mejores playas"? Déjenos admirarla desde la cómoda butaca de un cine, de donde si no nos gusta la película nos podemos salir. Pero eso de estar a la fuerza en el teatro del mundo –y sin comprar boleto... ¡es de lo peor!

Día 9

Todo me encoleriza. Tengo cara de sapo y una extraña sed de niño sin leche. Una brisa de ratas me saca de casillas y sería capaz en este instante de llorar a gritos o de inventar   –para distraerme– una tremenda matanza de palomas de vidrio. ¡Definitivamente amanecí con el hígado en el hombro!

Día 12

En un collar de ónix (por la cosa de dar el tono...) me fui a un coctel de embajada. La gente tenía aspecto de ostra acatarrada y la bendita fiesta más parecía un velorio que una fiesta. Eran las dos de la tarde. Todo el mundo de pie, hablando en voz baja, con una copa en la mano, esperaba los diminutos bocadillos que un criado pasaba cada media hora. Los bocadillos "de mi tamaño" tenían el poder de abrir el apetito en una forma inusitada, ya que desaparecían detrás de un diente, con increíble velocidad. El señor embajador, con tedio de foca, atendía a los invitados, hablando con todos, sin hablar de nada. Los fotógrafos casi obligaban a la gente a formar grupos para retratarla. A las tres de la tarde, el coctel expiraba. Las bebidas se estancaron. La embajadora desapareció detrás de un gran bostezo. Los caballeros, con cinco whiskies entre pecho y espalda, comenzaron a hacerse ojillos unos a otros para ver como se desembarazaban de sus emperifolladas esposas. Ellas, por su parte, muertas de hambre y de dolor de pies, ya que habían ido estrenando zapatos, estaban de un genio insoportable. Total: a la salida, los maridos tienen "una junta muy urgente". Los fotógrafos presentan unas fotos en que todos han quedado como las momias de Guanajuato y cerca de alguien que en su vida han visto. Los embajadores, en cuanto sale el último invitado (generalmente de piedra) se sientan a comer opíparamente, luego duermen una buena siesta. Al día siguiente los periódicos comentan: "Muy animado estuvo el coctel que ofrecieron los excelentísimos embajadores de… Se sirvieron apetitosas viandas (!) y los invitados disfrutaron unas horas de sin par alegría…". A ver si algún día las embajadas resuelven amenizar sus "pachangas" con algo típico. Platillos, música, trajes regionales, artistas del lugar, exposiciones. De lo contrario, continuaremos asistiendo a pavorosos velorios…

DÍA 18

Me desvelé pensando en la importancia del numero tres. Hay tres clases sociales: la alta, la baja y el "sándwich". Hay tres edades en la mujer: la que dicen, la que tienen y la que representan.

Hay tres edades en el hombre: la del "shock", la del "chic" y la del "cheq"... Hay tres tipos de mujeres: las rubias, las morenas y las "balines". Hay tres clases de muchachas: las inteligentes, las torpes y las que se casan con rico. Hay tres antigüeda-des: la que se hereda, la que se adquiere y María Conesa. Hay tres tendencias políticas: la derecha, la izquierda y el sol que más alumbra. Hay tres categorías de mujeres: las buenas, las malas y las guapas. Hay tres estados con consecuencias: el de sitio, el de cama y "el estado". Hay tres clases de cartas: las amorosas, las convencionales y los cobros. Existen tres amores: el bueno, el malo y el matrimonio. Hay tres cines: el de vaqueros, el dramático y el que "no se ve...". Y hay también hombres malos que acaban a la "una", a las "dos" y a las "tres"...

Día 15

Así. Como puntúa la lluvia la palabra del río. Como entra el aroma en la boca del fruto. Como están las horas en punto de un niño dormido. Como firma la tarde. Así, de esa manera ha llegado al calendario la hoja de la Navidad…

El amanecer de un jueves cualquiera, virgen de sol. Lápices invisibles pintan sombras en el infinito. Una extraña melancolía se pasea por las calles sin que nadie la detenga. Yo, un tanto acorde con el paisaje, me refugio en el rebozo de una mujer humilde. Caminamos. Caminamos largamente. Mi compañera es infatigable. Una hora después, llegamos. En la puerta, una placa reza: "Monte de Piedad". Nos colocamos en la fila –casi interminable– de la gente que necesita. Caballeros elegantes. Señoritas. Campesinos. Damas. Niños. Sin diferencia. Es como si hubiese llegado el juicio final y todos camináramos sin distinción al Supremo Tribunal. El tiempo azota con sus manecillas los rostros de los que esperan. Unos traen un radio bajo el brazo. Otros, una plancha. Libros. Alhajas. Sarapes. El desfile de la vergüenza. La procesión de la angustia. Paso a paso nos acercamos a la ventanilla. Una voz fría –como de muerto que hablara– pregunta: "¿Cuánto quiere?". Mi amiga responde amargamente: "$150… señor". "Que le den $60.oo". ¿Sesenta pesos por esa medallita tan milagrosa que durante tantos años ha llevado su hijo al pecho? No puede ser. Las alhajas que ha puesto en la ventanilla constituyen todo su capital. "Si no le interesa, retírese, señora; hay mucha gente en la cola". Mi amiga recoge las joyas y las envuelve de nuevo en la punta del pañuelo. La mañana –de breve pulso– aletea bajo el sol. Mi amiga resuelve colocarse nuevamente en la fila. Ahora piensa que sesenta pesos, pues… son sesenta pesos. Y mientras da un paso y otro paso, la gente camina con sus cuatro penas, con sus cuatro luces, con sus cuatro muertes, por la histórica plaza de la Constitución.

Día 20

Los animales no tenemos Navidad. Para nosotros es igual un día que otro. Sin embargo, yo sería feliz si pudiese hacer una hermosa fiesta sin precedentes para mis congéneres. Quizás en el Bosque de Chapultepec, donde los árboles se trepan de verde al infinito. O en las plácidas aguas de Xochimilco. O en Cuernavaca, donde la temperatura tiene los grados del beso. O, ¿por qué no?, en Acapulco, donde los peces viven en casas de encaje en la mitad del mar. ¡No sé a dónde!, haría una fiesta de animales, con regalos, con amor, con música, con alegría. Les obsequiaría, por ejemplo, patines a las culebras. Motor de helicóptero a las tortugas. Un perro lanudo a las pulgas. Un buche de champán a los camellos. Un mueble antiguo a los gorgojos. Una bufanda de seda a las jirafas. Un espectáculo a las focas, para que aplaudan con motivo. Anteojos a los tecolotes. Baño turco a los elefantes. Un buen pintor a los pavos reales y a las mariposas. Una banda presidencial a los pingüinos. Una enciclopedia a las cotorras. Un túnel con eco a los coyotes. Claveles y un público de vacas a los toros. Una industria de kimonos a los gusanos de seda. Un "gigoló" elegante a las abejas. Una grabadora a los jilgueros. Un día de asueto a las hormigas. Un banco de sangre a los vampiros. Un laboratorio de hombres a los conejos. Un "cigarro" a las cigarras… ¿Y para mí? Yo me daría una gran caja llena de lectoras, con un moño azul de terciopelo. ¡Lástima que los animales no tengamos Navidad…!

DÍA 16

Respeto a las moscas que vuelan por encima de mí. Respeto a las que vuelan a nivel conmigo. Y respeto mucho más a todas aquellas mosquitas que andan volando bajo…

Día 2

Ando pensando en las frutas… y me digo: si tú, sandía, pudieras cobrarles a los pintores. Si tú, nuez, vivieras cerca de los dentistas. Si las piñas pudieran competir con sus penachos en un desfile de las cortes de Inglaterra. Si dos capulines se nacionalizaran tapatíos. Si el durazno se mirara al espejo junto a un bebé desnudito… Si las naranjas pudieran usar "brassier" de encaje. Si las uvas se colocaran en el pentagrama del vino. Si tuviéramos dos limones en los ojos para justificar la amargura del llanto. En fin, si las frutas fueran libres, renegarían de la ley de las cosechas y colocarían un árbol en lo alto del mundo, para izar tranquilamente su millones de banderas verdes…

Día 4

Muy de madrugada me prendo a un camión de mudanzas. El chofer, bastante platicador, va comentando con sus ayudantes el último partido de fútbol. Atrás, dos muchachos acostados sobre cobijas y papeles, duermen estirados. Llegamos. Las "víctimas" (o sea la familia que se muda) se encuentran levantadas desde la primera hora, "en fachas" y de un humor negro. Han tomado desayuno frío –leche cruda, jamón y pan de caja– porque las ollas están empacadas. Naturalmente, la botella se turna de uno en uno, ya que los vasos –entre papel periódico– descansan en el fondo de una caja. Al fin, llega el camión. Los niños y los vecinos se asoman curiosos a

mirar aquella especie de hangar ambulante donde meterán como morcillas mal embutidas todos los muebles de la casa. A la voz de mando del chofer bajan los ayudantes. Tres de ellos se quedan arriba del camión, esperando "los triques'". Todo es desorden y gritería: "¡Cuidado! Mantecas, ¿crees que los espejos son de fierro?". A otro, más fuerte: "Órale, Negrete... ¿o se quita el mechón o demuestra sus "conejos" no? . Después: "Ándele... Mister Ultiminio... ¿qué, no hubo tacos en la mañana?". Entre tanto, la señora advierte muy sentimental: "Por favorcito, jóvenes, con mucho cuidado este cuadro, que es el retrato de la abuelita". El señor de la casa indica tres o cuatro movimientos "absurdos" para que quepan, los box-springs, por una puerta. Ruedan patas. Se desprenden marcos, se pierden las clavijas del radio, se estropea el mueble del comedor, las criadas dejan caer el cajón de la vajilla... Los niños están perfectamente dichosos, sentados encima de la televisión. Una hora después, toda la casa (sin saber cómo) está metida entre el camión, cubierta con mantas y sarapes y amarrada con cuerdas. Al llegar a la nueva residencia, comienza el descenso. Horas después, rendidos y agotados, comprueban que las camas están en la cocina. El comedor en el cuarto de servicio. El refrigerador en el garaje. La ropa rodando por todas partes. Porque las valijas se han abierto solas. El gato, extrañado, maúlla como un ahorcado. El perro se acuesta sobre los trajes del señor, que están blancos de cal, en un rincón. Por supuesto, no hay luz. Al marido, con las prisas, se le ha pasado firmar "el bendito contrato". Velas. Velas. Los niños las encienden, las apagan, chorrean todo, queman papel, corren al gato, alumbran los tanques del gas... se arden el pelo los unos a los otros. Además, nadie ha comido nada. ¿A qué horas? ¿En qué platos? ¿Con cuáles cubiertos? El bebé está con hipo, pues hace horas no se le cambia el pañal. La recamarera platica animadamente con el chofer de la mudanza. La nana "se hace amiga" de una vecina… Los ayudantes, sudando copiosamente y emanando variadas esencias, bastante sospechosas, doblan mantas y piden a los patrones "para unas frías". Nadie encuentra nada. La señora comienza a comprobar desperfectos, dando grititos histéricos, mientras contempla el escritorio de papá, parado en tres patas. El florero consentido, vuelto varios floreritos… el retrato de la abuelita con treinta y ocho huellas digitales sobre la nariz… ¡Dios mío! –me digo–, ¿qué es una mudanza? Una antesala del infierno: una mercería llena de gatos: un coctel en el Arca de Noé; una reseña cinematográfica en Acapulco… (perdóneme, Don Miguelito Alemán… es sólo un decir…).

Día 10

Para matar el tiempo (siempre dispuesto a morir) me escondo en el asiento trasero de un coche donde va una pareja de enamorados. Son las siete y una luna de espejos fríos se prende al seno de la noche. Me acomodo. Investigo, vamos por el camino que conduce a la Ciudad Satélite. Entre beso y beso, suspiro y suspiro, apretón y apretón, seguimos la flecha que indica: "Auto-cinema". Como era natural, el novio pierde el sentido de orientación y batalla por encontrar el lugar. Vueltas y más vueltas. La flecha es caprichosa y confunde a los enamorados. Por fin, tres cuartos de hora después, vemos la entrada. El coche apaga los faros y busca, muy despacio, un sitio para colocarse. Muy acomodaditos (y yo también), vemos la película. La pantalla, inmensamente grande, muestra borrosa la fisonomía de Sabú. Sabú persigue un tigre… El tigre quiere comerse a Sabú… La novia odia que los tigres se coman a Sabú. Entonces abraza al novio. El novio no acepta que el tigre sea tan cruel con Sabú. Por lo tanto, besa a la novia. Yo, por mirar a Sabú en las fauces del tigre, no me doy cuenta de que ha desaparecido uno de los novios. Luego me cercioro de que el pánico ha hecho que los dos parezcan una sola persona. Entre tanto, la pareja del coche de al lado se ha pasado atrás, porque el volante "no los deja ver…". Una familia consuela al pequeñín, que, en pijama, llora cuando el tigre le hace ¡guaaaaaaaj! a Sabú. Otra familia, ante la tremenda emoción, saca sus tortas, sus refrescos, sus chilitos, sus servilletas de papel, sus vasos de cartón y sus palillos, para ver a gusto cómo el tigre, de un bocado, se devora a Sabú. Cuando termina la película, algunos se retiran. Otros, (los novios), creen que aún no se acaba el cine.

Yo no sé si quedarme también, porque –palabra de mosca– es mucho más emocionante el cine que se "ve en los coches" que el que se mira "desde los coches…". A mí, por lo menos, me divierte más el circo humano que las fauces del tigre tras el taparrabo de Sabú…

DÍA 15

Por favor, amado mío: consérvame en tu mano cerrada…

DÍA 16

Hay noches blancas. Noches desleídas. Noches sabias. Hay noches con un grillo al fondo. Noches en que la temperatura marca un grado polar. Hay noches abrazadas. Otras en que el sueño ronda terrazas increíbles. Hay noches de kilómetros, noches de segundos. Las hay pegadas al techo. Hay noches como barcas que navegan entre el llanto. Hay noches en que navegan entre el infinito. Hay noches en que nos sobra la mitad del lecho y nos falta la mitad del alma… Hay no-

ches que se fueron… Sin embargo, todos los días
la noche nos tiende un arco nuevo…

Día 17

Me gustaría vivir a espaldas de los relojes…

Día 19

Hoy estuve presa por unas horas entre una
jaula de espejos. Creo que era la conciencia de
un hombre…

Día 2

Si pudiéramos decir –por ejemplo– que ayer
vimos la sombra de un alcatraz en los cristales del
mar. O que existe una máscara de sueño tiernamente iluminada. O que hemos probado el jugo

de la tierra. O tal vez una lechuga breve que crecía en el huerto del vecino. Si pudiéramos decir que no podemos soportar de vez en cuando nuestro signo. O que ni Neruda, ni Adán, ni Petronio, ni Hamlet, nos dan la medida exacta de nuestra melancolía. Si pudiéramos cantar a voz en cuello canciones como edificios. Escribir palabras redondas. Besar una persona extraña que pasa por la calle. No hacer ruido como los cuerpos en la oscuridad. Tomar el día por los cuernos como a un toro manso. ¡Ay!, si pudiéramos caminar sin encontrar un solo muro. Una sola puerta. Un solo hombre. Si pudiéramos hacer una barricada de ternura o trazar un camino largo sin que nadie nos preguntara por qué. Pero… todo tenemos que explicarlo… Todo tenemos que decirlo… ¡Todo!

Día 1

Nadie nace en la miseria. La tierra nos está escriturada.

Día 10

¿Qué es esto, me digo? El espectáculo es impresionante: Una casa vacía. Un hombre pálido, demacrado, semidesnudo, parado en la mitad de la estancia. Una mujer agobiada bajo el peso de un cerro de boletas de empeño del Monte de Piedad. El cuadro es dramático, dantesco. Me fijo bien, a ver si puedo interpretar la visión. Al fin veo que en un rincón hay unos papeles. Me acerco y leo: *Inscripciones*. ¡Ahora comprendo! Estos infelices padres de familia acaban de inscribir a sus hijos en una escuela particular. Por curiosidad leo los recibos:

Inscripción	$150.oo
Primera y última mensualidad	575.oo
Camión	85.oo
Seguro del niño	30.oo
Día del maestro	25.oo
Día de la directora	25.oo
Fiesta de aniversario	20.oo
Uniforme para el diario	120.oo
Uniforme de gala	300.oo
Uniforme de gimnasia	75.oo
Libros (obligación comprarlos en la escuela)	450.oo
Laboratorio	50.oo
Taller	35.oo
Servicio médico	30.oo
Desgaste de muebles	15.oo
Conservación del edificio	15.oo

Derecho a gimnasio   30.oo
Inscripción al Club   30.oo
Derecho a usar agua electropura   15.oo
Imprevistos   100.oo

La explicación al cuadro que acabo de describir, es obvia. ¡Los protagonistas tienen cuatro hijos…!

FEBRERO 19

Casi no quepo esta mañana en el camión. Venía lleno y sofocante. Por los vidrios se trepaba el primer día de la semana y su opaca perspectiva. La gente toda tenía una feísima cara de mal genio y al pobre conductor le colgaban un par de ojeras, como argollas. Resolví viajar en el suéter de una mecanógrafa. El sueño y la pereza eran dos notorios pasajeros. Por fin llegamos a la oficina, después de varios empujones, pisadas, caídas, etc. Ahí estaba el elevador como un "yo-yo" humano. La portera –como siempre– con cara de propina. La mecanógrafa sube, se cambia de zapatos, se pone delantal y se cala gafas. Queda horrenda. ¿Por qué las mecanógrafas se empeñarán en pasar ocho horas como unos monstruos? El escritorio del jefe está lleno de silencio y de polvo. Yo entro a la azucarera. El teléfono suelta su primera risa histérica de la semana. Respuesta clásica: "Llame de nuevo mañana". "El pagador no viene hoy". "El gerente está en junta". De pronto, una gran oscuridad me sume en las tinieblas. ¡La mecanógrafa ha tapado la azucarera!

FEBRERO 28

Pasé la noche en una pastelería… Estoy harta, hoy no escribo.

MARZO 18

He dormido hasta muy tarde pegada al cristal de una ventana. Me despierta una cara somnolienta que descorre la cortina. Miro hacia adentro. Una soledad larga y delgada se cuela por todos los rincones. Una mujer prende el radio.

Tiene dieciocho arruguitas alrededor de los ojos. Hay una cama. Dos mesas. Un sillón. Un ropero. Son las tres de la tarde. La mujer tiene enrollado el pelo –creo yo– con camotes o algo así. Es algo extraño que la hace aparecer como una marciana. Camina en pantuflas. Prende un cigarro. Se queda un rato mirando por la ventana. La abre. Entro. Me paro en un retrato. Ella, furiosamente, me sacude. La mujer va a la cocina. Echa dos huevos a una sartén. Pone a hervir café negro. Yo, como no he desayunado, pellizco una pieza de pan dulce que está sobre la mesa. La mujer de nuevo me espanta esta vez rabiosa y desatenta. Luego se pone en cuclillas y saca de abajo de una mesa… ¡el matamoscas!. "¡Impertinente mujer de extraños pelos! ¿No ve usted que hoy es domingo a las tres de la tarde, cuando las mesas de todos los hogares están rebosantes, y yo, humilde y desinteresada mosquita, soy su única acompañante?". Doy media vuelta y me esfumo. La soledad es un mal contagioso. Quiero morir de otra cosa. Adiós.

MARZO 25

¡A los toros! –me dije– y fui a la corrida, en la moto veloz de un sargento de la policía. Euforia. Sol por toneladas. Cerveza y pepitas. Comentarios. La plaza con su perspectiva dorada y redonda. Un pasodoble. Colores. Emoción y miedo. Un caballo bailarín. Dos banderillas y una mujer con angustia. Silencio. El toro pone su luto en la mitad del ruedo mientras la gente aplaude. Faena. Arte. Maravilla. De pronto, la sangre se abre un cauce entre las lentejuelas. Dobla la cabeza el torero. El cloroformo invade su esbeltez y su valor. Afuera la gente revienta de alegría. ¡Olé! ¡olé por la muerte y la belleza! ¡Olé por el toro y el torero! ¡Olé por las lágrimas maternas, por el triunfo y por el morbo! ¡Olé! Los domingos a veces me ponen triste, pero ¿quién va a comprender que una simple mosca prendida en el botón de un sargento pueda sentir melancolía? ¡Olé!

ABRIL 9

Observo desde el lado izquierdo del pizarrón una clase en un colegio de niños ricos. Sobre las alas me cae polvo del gis. Quedo blanca. Juan escribe y piensa. Juan tiene traje fino. Zapatos finos. Camisa fina. Juan usa reloj de oro. Por Juan viene un chofer uniformado en un largo coche gris. Pero Juan piensa: "Lo tengo todo y no tengo nada. Mi casa está siempre sola. Llena de alfombras, de silencio y de criados. ¿Qué juguete deseo? Ninguno. Hay una habitación en mi casa que parece un almacén sellado por niños muertos. Bicicletas, con sus ojos redondos de búho desvelado. Un tren eléctrico, con pasajeros de viento. Cinco ametralladoras. Dos tanques y un fusil. Me obligan a jugar a la guerra, cuando preferiría escuchar la risa de cristal de las canicas o chapotear en el estanque, donde las ranas le ponen puntos suspensivos al agua. La televisión, el médico y la nana, son mis parientes más cercanos. Porque mis padres… pues la verdad veo tan poco a mis padres, que a veces he olvidado el perfil de mi madre o los pelitos blancos que asoman furtivos por las sienes de mi padre. ¡Lo tengo todo y no tengo nada!". Me sacudo el polvillo del gis y acompaño a Juan hasta su coche largo.

MAYO 7. GUATEMALA.

Me extasío ante el Lago de Atitlán. Sus aguas son quietas y transparentes como las lágrimas de los niños pequeños. Inmensos árboles se dibujan en el rostro del lago, poniendo sobre la superficie una larga perspectiva verde. Un quetzal vuela y le dibuja un interrogante de plumas al espacio. Ante este milagro de la naturaleza, doblo mis antenas y regreso cabizbaja al caer la tarde...

MAYO 8

La Antigua, llena de reminiscencias y de ayeres me ocupa todo el día. Ruinas, vestigios del temeroso cataclismo, eco de pasados tiempos... calles empedradas y balcones con reja. Faroles, puertas claveteadas, y los arcos imponentes de la Universidad de San Carlos Borromeo. Toda una época en esta Antigua Guatemala, que conserva entre su historia los atormentados gritos de aquellos que aún duermen entre las grietas de los edificios caídos y bajo el polvo milenario de los cementerios. Va entrando la noche. En el borde de la canasta que lleva una indita sobre su cabeza, regreso a la capital. Claroscuros. Sueños y vigilias. Los párpados y los volcanes han bajado su cortina.

Entro en una exposición de pintura. En un momento dado, creí estar más bien en un baño turco con murales. Comencé a volar de cuadro en cuadro. Desnudos morados con el hombro en el pie. Los dedos colgados de la cabeza y una gaviota con las alas de helicóptero. Naturalezas muertas por un pintor asesino. Paisajes en que el mar –ese divino gigante de la frente verde– parece un plato de natilla o una sábana sucia. Bodegones en que las verduras de las "marchantas" fluctúan entre los intestinos de un pollo y el corazón de las morcillas. Celos cubistas. Sátiras abstractas. Besos impresionistas. Un frutero del Renacimiento. Dos tortugas clásicas. Un retrato de mujer en que las mejillas son dos cajas de vaselina. Las pestañas, una tarántula. La boca, un ombligo, maquillado. El pelo, un huevo deshilachado. ¡Horror de las exposiciones mixtas! Desastre de estilos, colores, valores, formas, dimensiones, calidades. Una exposición no es un supermercado. Me refugio en los aretes de una dama "culta" que comenta a gritos: "¡Qué monada de burrito!" (es un elefante). "¡Qué chulos aguacates!" (son los ojos de una multitud). "¡Qué pimpollo de chica!" (es un bandoneón), y por último, casi desmayada de un "ataque artístico", muy común entre los "snobs", le dice a un escuálido caballero que se le acerca: ¿No le parece una belleza esta "Siesta del fauno"? Al caballero se le ponen cuadrados los ojos. Frente a él, entre un marco dorado, hay una plácida vaca pastando… Me retiro de la exposición. No sea que a esta dama tan inteligente se le ocurra atravesarme con un alfiler.

JUNIO 30

Se fue medio año. ¿A dónde? El tiempo se fuga por los dedos de la mano. Por los surcos del rostro. Por los cabellos blancos de las sienes. Se fuga quizás por las torres o por el fondo de la tierra. Se va en línea recta al horizonte. Se pierde entre el rebaño humano como la tibieza en las ovejas. Como el aire alrededor del pelo de los árboles. El tiempo se nos va como el llanto. Se nos evapora como los pensamientos y los besos. Se nos diluye como el contorno de las cosas al caer la tarde. Se fue medio año. ¿Dónde está? En las cálidas urgencias, o tal vez sobre mis hombros, como el vuelo…

Una escoba me despertó a eso de las once de la mañana. El cuarto donde había dormido era movible. ¡Qué extraño, pensé, unas paredes voladoras!… ¿Dónde estaré? Me senté en la cama y entonces fue el piso el que tuvo movimiento de ola del mar. ¿Estaría en un barco quizás? Temblando abrí la puerta y salí. Creo que mis ojos vieron mal. Serpentinas, confettis, platos sucios, colillas, vasos rotos, un guante, dos gabardinas, diez discos en el suelo, cacahuates en los floreros, papas fritas en los ceniceros, lechugas en las paredes, envases entre el tocadiscos, aceitunas y chicharrones entre el sombrero del dueño de casa. Unos hoyos negros, en serie, con humo en el tapiz de los muebles y una criada con cara de "toro a la vinagreta" recogiendo aquello… ¡Dios mío! ¿qué tenía yo sobre los hombros? No… no

era la cabeza… imposible que esa especie de maraca cubana, de tambor africano, fuera mi cabeza. Un frío sudor me escurría por el cuello hasta la espalda. La lengua era un secante de contador bancario… los ojos dos coágulos… el estómago una trituradora de cemento… y la conciencia… ¡ay!, la conciencia, un bar en llamas donde los diablos, satanases, mefistos, demonios, luciferes, me señalaban con un dedo largo y agudo… ¿Qué hacía? ¿suicidarme? ¿correr? ¿llorar? ¿mandarme a operar? En ese momento, a la criada se le cayó un vaso al suelo. Brinqué hasta el techo… Salí a la calle… necesitaba aire fresco. Quise volar… ¡oh, tragedia espantosa… no pude… tuve que irme a pie!

JULIO 30

Hoy amanecí con dolor de cabeza. La aureola me apretaba… mis propósitos de ser "Santa Mosca" los estoy cumpliendo al pie de la letra. Temprano, a la biblioteca. Entre la *Moral*, de Epicuro, y las *Redondillas*, de Sor Juana, se evaporan los minutos castamente, como el rocío de la hierba en las mañanas. Al mediodía, cuando el sol se clava al pecho de los árboles, me pongo a orar. La plegaria es un camino para acercarse a Dios. En la tarde, a la hora en que la luz y el olvido pierden su equilibrio, a contemplar la naturaleza, esa que a fuerza de copiar los pintores, cada vez se torna más imposible y absoluta. En la noche, cuando se descuida el silencio en la espiral del sueño, a meditar. A meditar profundamente… Soy pequeña, insignificante y humilde. Pero tengo, como todo en el mundo, un deber, un motivo, un lugar. El tamaño no importa. Importa la sobrenatural capacidad del vuelo…

OCTUBRE 13

Los ojos como dos jitomates con pestañas. La nariz como una salchicha rubicunda y oronda. Las sienes… no encuentro adjetivos, verbos ni vocablos, para explicar lo que son las sienes de mi pobre cabeza. Quizás dos fortalezas sin armas, defendiendo un territorio vencido. La garganta en carne viva. Un calofrío por el cuerpo que me recuerda la agonía de mi abuela. El pecho lleno de gatos nocherniegos, de ruidos misteriosos, cavernícolas, salvajes. El sudor, a veces caliente, a veces frío como saliva de tonto. Un peso extraño sobre la nuca, como si de pronto me hubiera nacido la obligación de jalar un arado. Dolor de estómago. Náuseas. Pequeños asteroides que me nublan la vista. Decaimiento. Mal humor con el tácito deseo de comerme un niño crudo o un anciano a medio asar. Un constante río (de cuyo nombre no quiero acordarme…) saliendo de mis fosas nasales hasta dos o tres docenas de pañuelos humildes y callados. ¡Catarro! Catarro cruel, implacable; catarro satánico y ruin, gripa mortífera, abusiva y bribona… ¿Con qué derecho te haces la desentendida ante las pastillas, inyecciones, ungüentos, penicilinas, gotas, vacunas, suéteres, bufandas, pomadas, cataplasmas, calmantes, soporíferos, fricciones y todo lo demás…? Y sobre todo, ¿por qué te burlas de los honorables y decentes médicos? ¡Oh!, impía, feroz, desalmada y cafre. Señora repugnante, traicionera y criminal amiga: reciba usted en unión de sus microbios, el más horroroso de todos mis saludos y un hondo, arraigado deseo, porque tanto su señora madre… como usted, mueran de un estornudo.

OCTUBRE 15

Estoy volando alrededor de una mesa donde cuatro señoras juegan a las cartas. Me poso sobre una pica de diamante y observo: el azar es un invitado de honor. Las amigas que desde temprano se han comprometido para "el juego" están cuidadosamente maquilladas y vestidas. Traen en la bolsa billetes, esperanzas, tedio, mediocridad o vicio. La mayoría de las mujeres juegan porque no tienen nada mejor que hacer. Porque su imaginación limita al norte con el cero, al sur con el limbo, al oriente con la nada, al occidente con el caos. Porque es una forma "aceptada" de escaparse de la rutina hogareña y espantosa. Porque encuentran la oportunidad para estrenar un vestido, para contar sus mentiras de alfombra, de viajes, de terreno; para poner sobre la mesa, por milésima vez, la heroica y exclusiva narración de su operación quirúrgica; para analizar su dieta; para comentar los kilos, la calvicie y las infidelidades del esposo ajeno; para componer el mundo; para cambiar recetas de cocina por una crema para el cutis; la dirección de una barata por un cuadernillo de horóscopos. Para predicar las genialidades de los hijos; para dictar cátedra –muy *sui generis*, por supuesto–, sobre "Gringolandia" o sobre "Cubarbas". En las mesas de "canasta" (como yo en este instante) vuelan amantes imaginarios, maridos perfectos, cuñadas gordas, criadas sobrehumanas, perros aristócratas, condiscípulas resbalosas, muertos santos… Hay de todo. Es un mercado de ideas, un freno para las frustraciones, un espejo piadoso para la "jamonería", un breve intermedio para el llanto, un espacio entre la aspiradora y la televisión, entre el supermercado y lo espiritual, entre la cebolla y los pañales, entre el cobrador y el calendario. Miro lentamente a las cuatro jugadoras… sacudo las alas, pienso… ¡Oh, tréboles de amargura! ¡Oh comodín, del tiempo! ¡Oh, corazones rojos y negros! ¡Oh, diamantes romboidales! ¡Cuántas mujeres se refugian en vosotros, con el objeto de hallar, una tarde cualquiera, la dimensión perfecta del bostezo…!

OCTUBRE 18

Como estoy de vacaciones, resolví entrar a un salón de belleza. Varias muchachas con uniformes blancos sonríen, saludan y obedecen. Hay algunas clientes sentadas esperando su turno. Todas hablan. Preguntan. Comentan. El salón de belleza es la sala de espera de la vanidad, la tumba del presupuesto, la capital del chisme y ¡la dimensión desconocida! Al salón de belleza se le fija una hora de entrada, pero nunca hay una de salida… Allí pasan los minutos… las horas… los siglos… y entre las "anchoas", los "tubos", el secador, el "crepé", el tratamiento, el arreglo de las uñas, el masaje facial, la depilada de las cejas, el baño turco, la pestaña postiza, el pedicure, los rayitos y otras cosillas más se va la vida, se pierden las citas, nace el furor de los maridos, la desesperación de las criadas, y baja la tensión arterial de la suegra. Allí muere todo. Es un campo de concentración donde se pierde la esperanza de volver a ver el mundo libre. Desde las 10 de la mañana hasta las 9 de la noche… en el martirio del secador, que con la mayor tranquilidad confecciona "tortas de sesos", en la recortada de la cutícula que arranca lágrimas, en la decoloración que produce calentura, brote, desmayo, histeria. En el masaje que deja moretones por todas partes, en el quitabigote que eriza hasta el ombligo y, por último, en el rocío de laca, que corta la respiración y acomoda una especie de gorro rígido que desbarata los itinerarios de ternura que el amado se traza en la memoria… Doy media vuelta, antes de que alguien me tiña las alas, me encrespe las patas o me corte la alegría que tengo, enredada y dispersa por las órbitas del viento.

SEPTIEMBRE 3

¡Me enamoré! ¡Me enamoré! Todo me parece tricolor y noble. ¡Oh, largo camino del pétalo!…

¡Oh, milenaria campana del tiempo!... ¡Oh, dimensión azul! ¡Oh, sol tibio y primo hermano!... Si pudiera escribir, escribiría que mi corazón es una jarra cualquiera; o un lechero. Quizás una raíz en la mitad del viento. No sé. No sé nada más que el tacto del júbilo y el sueño. No entiendo nada más que las palabras de los puertos... No veo sino las enaguas de los amaneceres... ¡Eso es todo!

SEPTIEMBRE 10

Mi amado es un insecto sublime. Su delgado cuerpo es del color que tienen las olas en la tarde. Su boca es larga y chupadora. Tiene un extraño tornasol en las alas que me recuerda el oriente de las perlas. Lo amo, lo amo... con el tamaño descomunal de mis ojos, con los alambritos doblados de mis patas, con mi cuerpo leonado y con el milímetro de entrañas que dobladas entre mí, son las primeras consonantes del huevo. Lo amo como si amar fuera penetrar el vuelo o inventar una escala en el espacio.

SEPTIEMBRE 12

Mi amado –también como yo– es intelectual. ¿Cómo podría amar a alguien a quien no admirara? Cuando veo su placa reluciente, prendida en las hojas de un ciprés, se me ponen los ojos como gotas de rocío y una marimba va de mi emoción al aire. (¡Cómo lo amo!). "Licenciado Mos-Cote"… ¡qué hermoso nombre tiene! Algunas veces le ayudo en su despacho, donde acuden viudas sin soplo divino, herederos de un tifón, poseedores de más de diez lámparas de baccarat o autoconcesionarios de una vitrina donde venden chongos zamoranos. Sus defensas son de "alto vuelo". Aplica con firmeza las "leyes de la gravedad" y cuando condena envía implacable a la "Cámara de Flit" o al paredón, bajo las órdenes del miliciano "Black Flag". Por lo pronto, mi corazón es una urna y para la felicidad me basta la intimidad de cualquier postigo romántico y febril.

SEPTIEMBRE 22

Mi novio, el licenciado Mos-Cote, me ha propuesto matrimonio. Para pensar libremente, me he posado sobre el mástil de una bandera flotante. Al mirar el horizonte he sentido algo de nostalgia. ¿Cortarme las alas? ¿Limitar el vuelo? ¿Medir el espacio? Soy rebelde, trotamundos, comevientos. Necesito meditar. Vuelo entonces hacia el interior de una casa. Me poso en una uva y observo: hay una mujer joven esperando niño. Las ojeras le ponen un escudo de silencio al rostro. Toma el teléfono. Cuelga. Camina. Se sienta. Teje. Mira el reloj. Toma vitaminas. Son las 8 de la noche. El ruido de una llave en la cerradura indica que ha llegado el esposo. Cenan. Hablan del trabajo. De las píldoras. De la criada. El aburrimiento es invitado de honor. Hay silencio, rutina y un niño con el corazón de azúcar escondido en el interior de la recién casada. Más tarde, tinieblas. En la mañana, jugo de naranja, cuentas, un botón ausente de la camisa, una aspiradora que taladra el aire, náuseas imprudentes, hilillo de sangre al rasurarse. Dos besos. Y un pequeño auto tan frío como la rutina, tan pequeño como el amor, tan obediente como la criada. De nuevo soledad. Mercado. Teléfono. Píldora. Tejido. Las horas debajo de los muebles. El tiempo colgando de los cuadros. La mujer doblada sobre su propio vientre. Después, el ruido de la llave en la cerradura, que para variar presenta de cuerpo entero la estampa del marido. Me parece insípida la uva.

Busco ansiosamente una ventana y con las alas desplegadas… ¡vuelo… ! ¡vuelo…!

Una señora, dos niños, una criada y tres vélices, esperan taxi. Me poso sobre la cofia del pequeño. Son las dos de la tarde. Una hora en que el estómago escribe sinfonías de tortilla. La casa nos guiña el ojo y los zapatos se achican. El sol cae vertical, como saliva de volcán. La gente camina automáticamente. Las oficinas guardan dos horas de silencio. Los restaurantes corren tras de los meseros. Los camiones resoplan como gordos fatigados. Todo es normal, absolutamente normal, normalísimo. ¡Menos conseguir taxi! Eso es más imposible que modelar un sueño con el aire. Más difícil que embotellar el eco de un fuete campirano. Más utópico que doblar en cuatro una montaña para tener un pañuelo de cenefa azul. Más quimérico que construir un río a la orilla de la sed. A las dos de la tarde, ¡no hay taxis! No existen taxis. No han nacido los taxis. Nadie los conoce… Taxi… ¿qué es eso? ¿Quién ha oído tal palabra a las dos de la tarde? Nadie… ni los hombres, ni los dioses, ni los animales. Yo me voy quedando sorda con los berridos del bebé. "¡Es la hora de la botella!", dice la madre… "No he puesto las ollas…", masculla la criada. "Quiero ir… al baño…", balbucea el mayorcito. "Gua… gua… gua…", vocifera el pequeñín. Uno de los vélices trata de abrirse. Hay 35 grados de temperatura. La lengua está gatuna y porosa. Pero no hay taxis. Ni uno. Ni medio. Ni un cuarto de taxi. La esquina está desolada con nosotros. Quiere llorar por sus cuatro puntos cardinales. El tiempo trata de detenerse. El sol se baja un velo de viuda por la cara. Las calles se estiran como brazos de maguey. ¡Pero no hay taxis! La criada bufa. El bebé ha ejecutado una muy conocida "gracia" infantil. El grandecito ha regado un rosal que sólo existe en la memoria. La madre maldice en cuatro idiomas. Ha comenzado a caer una lluvia delgada que se engorda rápidamente. Todo está desierto. De golpe… ¡Oh, milagro! ¡Sobrehumana visión! ¡Un taxi! La criada agita el rebozo, el pequeñín tira la gorra, la madre da saltos de canguro. El mayorcito se mete los dedos a la boca en una forma muy extraña y emite un silbido de sirena loca que paraliza al chico, produce hipo a la nana y taquicardia a la madre. Pero en ese instante, ¡nada importa! Un taxi… ha aparecido un taxi… ¡Gracias!, ¡ánimas benditas! El chofer, que trae cara de hiena enjaulada, asoma el rostro y mira la familia. Observa el drama. Todos sonríen. Se han prendido a los labios la sonrisa más dulce. La más tierna. La más familiar. "¿A dónde van?" "Allá no más…"; la voz de la madre tiembla como un santo en procesión… "cerquita… señor…". El chofer, impasible, mira su reloj. Alza la cabeza imponente, mueve la palanca hacia adelante y con un gesto olímpico y presidencial dice: "¡Ya no tengo tiempo!… voy a entregar".

OCTUBRE 20

Pasé mala noche. Se me ocurrió dormir entre los velos vaporosos de la cuna de un recién nacido. En primer lugar, el niño parece una rodilla con capota. En segundo lugar, ni la mamá, ni el papá, ni la abuela, ni los tíos, ni nadie, deja dormir en esta casa. Cada dos minutos levantan el velo donde me apoyo y exclaman: ¡Qué belleza, qué preciosidad, que encanto! ¡Es blanco, es rubio, es crespo, es gordo, es ojiverde, es grande, es largo, es sano, es perfecto, es rosado, es formal, es vivo, es simpático, es inteligente, es único en la historia! El "cara de rodilla" bendito, tiene dos días de nacido… No sé cómo se me ocurrió escoger esta vitrina mundial, esta octava maravilla, este objeto insondable y misterioso, este artefacto de museo, este chamaquito extraordinario, para conciliar el sueño. La joven madre cree positivamente que ella inventó el parto. El feliz padre tiene el convencimiento de que es el hombre más hombre del mundo. Total. ¿Habiendo tanta hierba elemental, tanta piedra modesta, tanto asno aburrido y trivial, por qué tenía que escoger mi sueño el sonrosado tul de este rapaz? ¡Me lo merezco! Despliego mis alas y emprendo el vuelo.

OCTUBRE 24

Son las seis de la tarde. El tejado se casa con la sombra y los árboles echan a volar, como una hoja, su contorno. Hay una ventana abierta. Me cuelo. Me poso en un adorno cursi que hay sobre una mesa. Observo. Hay ocho personas. Un niño. Una anciana. Dos criadas. Tres señoras y un joven. Están petrificados o algo así. Me inquieto. Nadie se mueve. Apenas respiran. Nadie habla. Definitivamente deben estar momificados, embalsamados. ¿Será un museo de figuras de cera? Me poso en la nariz de la señora. No se inmuta. Le hago cosquillas con mis patas traseras. No siente. Me paso a la gran oreja de la anciana. Tampoco la molesto. Luego camino sobre la mejilla del joven. Como si nada. Vuelo en zig-zag por la trenza de la criada. Inútil, nadie reacciona. El timbre de la puerta suena fuerte. Vuelve a sonar. Nadie hace caso. Continúan timbrando. Yo hago un paso de ballet frente a los ojos del niño. No lo capta. El timbre se revienta. Estalla. Golpes en la puerta. Más fuertes. Tumban la puerta. Nada. Ahora es el teléfono. Da grititos histéricos e intermitentes. No interesa. Nadie responde. Yo me introduzco en el ojo del joven. No se conturba. No se rasca. De pronto la sirena. Catástrofe. Incendio. Heridos. Pero no importa. Todo sigue estático. Es una familia de cariátides. Se está saliendo el gas. Pero el olfato de la familia está clausurado. Pienso en un grupo de atlantes. En una reunión de monigotes. Me paseo nerviosa por narices, orejas, trenzas, mejillas, labios, codos, pestañas. ¡Nada! Absolutamente nada… En un momento dado, ¡comprendo, comprendo todo! El niño, la anciana, las dos criadas, las tres señoras y el joven, ¡están frente a la pantalla de un televisor…!

NOVIEMBRE 28

Sobre los gruesos anteojos de una profesora (busto combo, pierna flaca, polvos de arroz) me poso discretamente. Presencio un fin de cursos. El teatro está lleno. Los padres de familia tienen el rostro largo y descolorido. Acaban de agotar el último ahorro. Colegiaturas. Uniformes. Premio. Regalo al profesor. Regalo a la profesora. Contribución. Disfraz de Caperucita, de Pollo y de Drácula. Inscripción para 1964. De tan exprimidos parecen mangos de niño pobre. O guanábana de expendio de jugos. Comienza el acto. La Directora (corset, canas teñidas, diente de oro) anuncia, con voz de provinciana desmayada, el primer número. "Lista de los alumnos que obtuvieron mención en segundo de primaria". (Hora y media de nombres…). De nuevo: voz del profesor, (traje verde-negro, anillo de rubí, calva incipiente): "Lista de los alumnos que cursaron tercero de secundaria". (Dos horas de nombres…). Otra voz: Lista, etc… etc. (Otra hora). A las dos de la tarde, una alumna almidonada, zapatos de charol, trenza parada, sale al escenario y dice: "Oda a la Bandera" (tres cuartos de hora de Oda) (cinco olvidos, cuatro tartamudeadas… ¡y empezó siete veces…!). Casi las tres de la tarde. Ahora cuatro empleados asoman con un piano del año dos mil (A. de J.C.). Luego una alumna retarda, corre y extiende un montón de manila sobre el teclado. Pausa. Al fin se presenta la profesora de canto (90 kilos, traje de la época de Pola Negri, saltitos de cigarra). Trala-rala… trala-rala… "Los pollitos dicen, pío… pío… pío…". Cada criatura dice su "pío" cuando le da la gana. Otros bailan, naturalmente cada uno por su lado. Las cinco de la tarde… El esposo bosteza y reniega encorajinado. La esposa aplaude a una chiquilla que ha salido al escenario con disfraz de gata. Solamente que, en los apuros, se ha puesto el trajecito al revés… es decir, con la cola para adelante… Por fin se acaba la "Entrega de Premios". El matrimonio recoge libros, premios, disfraces, abrigos, mochilas, lápices… Van saliendo. En el teatro queda un hálito de ternura infantil. Un anticipo de futuros sueños. Y –alrededor de mis alas– la melancolía de cualquier maestra…

DICIEMBRE 8

Estoy –taciturna y oscura– dentro de una vitrina navideña. Entre cintajos plateados, algodón, globos luminosos, campanas y ese ambiente de diciembre que se cuela tan hondo al corazón. Vuelo de un rifle a una ametralladora. De una ametralladora a un tanque. De un tanque a una pistola. De una pistola a un cinturón de balas. De ahí a un mortero. Luego a un cañón, a una granada, a un proyectil. Voy de arma en arma, navegando como sonámbula entre la muerte. Es una vitrina con las garras abiertas sobre la dulzura de los niños. Es una vitrina con odio. Desde un lanzallamas, contemplo el desastre de aluminio y plástico. Pienso. ¿Pero es posible que el Niño Dios –ese personaje de ojos azules, tierno hasta las lágrimas–, ponga debajo de la almohada tan mortíferos regalos? ¿Cómo se explica que obliguen a los niños a jugar con la muerte, con la destrucción, con la venganza y el crimen? ¿Qué no existen payasos, pelotas, cuentos de hadas, deportes, y un millón de juguetes hermosos y nobles? No. No es justo que la Nochebuena prepare a las criaturas para el odio. No es justo que los ponga al borde de la monstruosidad, matando a su vecino con balas de plástico, en vez de propiciarles la adorable camaradería de unas bolas de cristal. ¿Cómo entender que un niño despierte a la madrugada y en vez de encontrar un osito de peluche, unos patines, un rompecabezas, un triciclo, halle frente a su corazón sencillo, una colección de armas destructoras? Mi protesta es tan pequeña, tan diminuta. Realmente, ¿quién soy yo para rebelarme? Una invisible mancha de paz. Un insignificante accidente del aire. Eso es todo.

DICIEMBRE 24

Con un amigo campesino, me fui a la provincia. A un pobre pueblo arrinconado. Con sus pobres esquinas. Tiene una calle larga llamada "El Limonar", donde vi cómo se muere el día, todos los días, con un árbol entre cada mano. Tiene una iglesia fea, un cura con artritis, muchos niños callados y un río donde jamás pasa un pez. También vi jóvenes aburridos, tirándole piedritas a la tarde. Había un viejillo paralítico que empujaba los saludos como golondrinas. La plaza del pueblo tenía la frente partida. Era de una tristeza solemne. Sin flores. Sin banda de música. Sólo algunos escaños donde el tiempo se moría de frío. Dicen que en ese pueblo le prohibieron al viernes que tomara al jueves de la mano y que les escurriera su perfume de víspera a los sábados. Los niños se metían las canicas y la risa a los bolsillos. No hubo Nochebuena en el pueblo. Está tan escondido detrás de la montaña que se le escapó a la Navidad. Quién sabe si en las casitas habría algo… porque yo me quedé, sobre el hombro de mi amigo el campesino, mojando la tristeza en un grato y aromoso mezcal… en las afueras de este pobre pueblo… el de las pobres esquinas.

DICIEMBRE 28

oy a definir la lluvia. Pero no me crean. Soy una mosca habitual. Sin embargo, cuando el agua sale a nombrar todas esas cosas, es la lluvia. Cuando aparece una llave maestra que abre las semillas, es la lluvia. Cuando se graba en la memoria del surco la vocación del árbol, es la lluvia. Cuando cambia el río sus sandalias en el mar, es la lluvia. Cuando alguien destapa un olvido. Cuando un camino se acuerda de su casa… Pero no me crean. Todo esto lo escribo en mi diario, porque, ¡palabra de honor!, una gota de agua, significa tanto para mí…

DICIEMBRE 31

La última hoja del calendario. Aquí termina el viaje. Un año más que se queda detrás de las columnas. Como un aire muerto. He escrito cosas tristes, cómicas, tontas, deshilvanadas. Sin olvidar que soy la única mosca del mundo que escribe sus memorias. Algún día las voy a editar para que aprendan a leer en las colmenas o para que puedan reír las cucarachas. Hasta el año próximo, queridas compañeras, lectoras apreciadas. No reparen en mi nostalgia. Espero continuar –si los derechos del vuelo me lo permiten– cerca de ustedes. Para que este diario sea, como hasta ahora, la más cálida de mis soledades compartidas…

Emilia Ayarza (1919-1966)

Ha sido reconocida como la poetisa colombiana más audaz de su generación. También es autora de "Solo el canto" (Magisterio), antología de poemas.

www.ingramcontent.com/pod-product-compliance
Lightning Source LLC
Chambersburg PA
CBHW061246140726
47998CB00006B/2120